Prof. Dr. Götz T. Wiese, Jahrgang 1966, ist als Rechtsanwalt und Steuerberater in Hamburg tätig. Er wurde 2016 zum Honorarprofessor der Bucerius Law School in Hamburg ernannt.

Der Beitrag gibt die Antrittsvorlesung an der Bucerius Law School am 23. Januar 2018 wieder. Die Vortragsform der Vorlesung wurde beibehalten.

Das Internationale Steuerrecht im Spannungsfeld zwischen Welthandel, Nationalstaat und Demokratie

Antrittsvorlesung von
Prof. Dr. Götz T. Wiese
an der
Bucerius Law School, Hamburg,
am 23. Januar 2018

 JOLISUS

© Hamburg 2018

Autor: Götz T. Wiese
Lektorat und Gestaltung: Jolisus Verlag, Hamburg

 JOLISUS

Verlag: Jolisus Verlag, Hamburg
ISBN: 978-3-947664-00-9 (Paperback)
        978-3-947664-01-6 (Hardcover)
        978-3-947664-02-3 (eBook)
Printed in Germany

Bibliografische Information der Deutschen Nationalbibliothek:
Die Deutsche Nationalbibliothek verzeichnet diese Publikation in der Deutschen Nationalbibliografie; detaillierte bibliografische Daten sind im Internet über http://dnb.d-nb.de abrufbar.

Gliederung

Das Internationale Steuerrecht im Spannungsfeld zwischen Welthandel, Nationalstaat und Demokratie

I. Einleitung

Das Thema "Internationales Steuerrecht im Spannungsfeld zwischen Welthandel, Nationalstaat und Demokratie" berührt Kernfragen der Sozialen Marktwirtschaft, der Funktionstüchtigkeit unseres Gemeinwesens und der Zustimmung der Bevölkerung zu unserer verfassungsmäßigen Ordnung. Es berührt uns alle. Schauen wir uns dieses Thema etwas näher an.

"Internationales Steuerrecht" bezeichnet die Gesamtheit der Rechtsvorschriften, die sich auf die Besteuerung von grenzüberschreitenden Sachverhalten beziehen einschließlich der inländischen Sachverhalte mit Auslandsbezug sowie der ausländischen Sachverhalte mit Inlandsbezug. Es geht um das Zusammenspiel der nationalen Vorschriften zur Begründung der Steuerpflicht im Inland, um supranationale Rechtsvorschriften wie beispielsweise das europäische Unionsrecht, und natürlich um das Völkerrecht, namentlich die Doppelbesteuerungsabkommen und andere internationale Verträge.

1. Funktionstüchtigkeit des Internationalen Steuerrechts

Wir wollen uns im Folgenden fragen: Funktioniert das Internationale Steuerrecht in seiner Gesamtheit? Können wir beantworten, welcher Staat bei grenzüberschreitenden Sachverhalten den entstehenden Gewinn besteuern darf?

Sehen wir uns zunächst ein klassisches Beispiel an:

> Ein Möbelhersteller mit Sitz in Deutschland kultiviert Holz in Finnland, sägt dieses in Polen zu und verarbeitet es zu Möbeln in inländischen Betrieben. Die Möbel werden im In- und Ausland verkauft. Mehrere Staaten wollen auf den im Konzern entstehenden Gewinn zugreifen.

Mit der Industrialisierung und der Entstehung der Nationalstaaten im 18. und 19. Jahrhundert wurde die Frage der Vermeidung der Doppelbesteuerung virulent. Spätestens in den 20er Jahren des 20. Jahrhunderts wurde, unter Mitwirkung des Finanzausschusses des Völkerbundes, ein allgemeines Konzept für das Internationale Steuerrecht entwickelt, mit Doppelbesteuerungsabkommen auf Grundlage des Territorialitätsprinzips und mit der Verteilung der Besteuerungsrechte entsprechend dem zuzurechnenden Gewinn (Wertschöpfung) nach Quellen. Auch das nationale Recht trägt zu diesem Internationalen Steuerrecht bei, insbesondere mit der Begründung von Besteuerungsrechten, Gewinnabgrenzungsregeln und weiteren Vorschriften. Dieses Konzept des Internationalen Steuerrechts wurde und wird fortlaufend verfeinert, bis auf den heutigen Tag. Mit diesen Regeln bekommt man das Beispiel unseres Möbelherstellers gut in den Griff. Ich komme hierauf zurück.

Die größere Frage ist aber mittlerweile die nach der Vermeidung der doppelten Nichtbesteuerung und der künstlichen Reduktion und Verlagerung der Steuerbasis. In der internationalen Diskussion spricht man von "*Tax Avoidance*", von "White Income" und von "*Base Erosion and Profit Shifting*". Viele grenzüberschreitend tätige Unternehmen haben aufgrund ihrer Geschäftsmodelle und aufgrund ihrer zivilrechtlichen Strukturen, die der Fiskus nicht in den Griff bekommt, eine überraschend niedrige Steuerquote.

Nun ist es nicht nur das gute Recht von Unternehmen, sondern auch die vornehme Pflicht ihrer CFOs, Steuern, die betriebswirtschaftlich Kosten darstellen, im Rahmen der Gesetze und unter Beachtung der Tugenden der Ehrbaren Kaufleute so zu reduzieren, dass die Konzernsteuerquote möglichst gering ist. Es ist auch die Aufgabe von Steuerberatern, Unternehmen bei der steuerlichen Optimierung ihrer steuerlichen Verhältnisse im Rahmen der Gesetze und unter Beachtung der Tugenden der Ehrbaren Kaufleute zu unterstützen, insbesondere Doppelbesteuerung zu vermeiden.

Auch ist es das Grundverständnis unter Juristinnen und Juristen, dass Steuern, die verfassungsrechtlich Eingriffe des Staates in die Freiheitssphäre der Bürger darstellen, nur aufgrund eines Gesetzes erhoben werden dürfen. *Nullum tributum sine lege!*

Das Problem besteht darin, dass der gesetzliche Rahmen, das Internationale Steuerrecht, den Anforderungen der globalisierten Weltwirtschaft des 21. Jahrhunderts in Teilen nicht mehr entspricht.

Überspitzt formuliert der englische Steuerrechtler und Professor in Oxford Michael Devereux wie folgt:

> "The system [of international tax law] (...) is of mind-boggling complexity. Taxpayers and tax inspectors around the world are struggling to make sense of it, let alone apply it. The weight of complexity has brought the system to its knees." (*Devereux*, 2017)

Die Sachverhalte haben sich in Zeiten der Globalisierung geändert und werden dies weiter tun.

Zum einen werden vor dem Hintergrund des freien Kapitalverkehrs komplexe, bisweilen opake internationale Konzern- und Finanzierungsstrukturen eingesetzt und insbesondere unterschiedliche Steuerregime ausgenutzt.

Greifen wir noch einmal das Beispiel eines Möbelherstellers auf:

> Ein schwedischer Möbelhersteller verkauft Möbel über ausländische Tochtergesellschaften, die Franchise-Gebühren an eine niederländische Konzerngesellschaft zahlen. Die Franchise-Gebühren mindern den hoch besteuerten Vertriebsgewinn am Absatzort, werden aber in den Niederlanden nur sehr gering besteuert.

Zum anderen werden vor dem Hintergrund der Digitalisierung und Virtualisierung Leistungen aus dem nicht oder niedrig besteuernden Ausland oder aus einem Land erbracht, das über Vorabentscheidungen, sog. *Rulings*, großzügige Steuerfreistellungen gewährt.

Dabei geht es nicht nur um Datenlieferungen und andere virtuelle Leistungen, sondern ganz allgemein um Waren, bei denen *Intellectual Property* eine

Rolle spielt. Also letztlich alle gehobenen Leistungen in der Wirtschaft 4.0, in der Zeit des Internets der Dinge. Ein weiteres Beispiel:

> Ein amerikanisches *High Tech* Unternehmen liefert seine Waren und Dienstleistungen nach Europa über eine irische Zwischenstruktur, innerhalb derer das geistige Eigentum für die Herstellung und den Verkauf von Produkten auf der Grundlage einer sogenannten Kostenteilungsvereinbarung genutzt wird. Im Rahmen dieser Vereinbarung werden die Kosten für die im Auftrag der irischen Unternehmen in den USA durchgeführte Forschung und Entwicklung übernommen. Der irische Fiskus gibt vorab ein *Ruling* zur weitgehenden Steuerfreiheit der in Europa erzielten Gewinne, die durch die abziehbaren Kosten weitgehend auf Null heruntergefahren wurden.

Wir werden sehen, dass Deutschland, die Europäische Union, die G20 und die OECD in den zurückliegenden Jahren einiges unternommen haben, um das Problem des Schleifens der Steuerbasis und der unangemessenen Gewinnverlagerung und der damit verbundenen Steuervermeidung in den Griff zu bekommen, mit einem Aktionsplan gegen *Base Erosion and Profit Shifting*, Stichwort "BEPS". Die beteiligten Nationalstaaten werden diesen Aktionsplan umsetzen und haben dies, wie zum Beispiel Deutschland, bereits in Teilen getan. Hinzu kommen Überlegungen zu Richtlinien der Europäischen Union. Auch hierauf werde ich zurückkommen.

Aber die Frage ist, ob – angesichts der Wucht der Globalisierung – gesetzgeberische Reaktionen, die zwar in Teilen koordiniert, aber im Ergebnis doch überwiegend auf Ebene – einzelner – Nationalstaaten erfolgen, überhaupt erfolgreich sein können.

2. Die folgende Darstellung

Bevor wir die Herausforderungen, denen das Internationale Steuerrecht ausgesetzt ist, weiter besprechen, möchte ich den Blick weiten und allgemein das Spannungsfeld darstellen, in dem sich nicht nur das Steuerrecht, sondern allgemein Weltwirtschaft, Nationalstaaten und Demokratie befinden: Dieses Spannungsfeld wird in den Worten des türkischen Ökonomen und Harvard-Professors für Internationale Politische Ökonomie *Dani*

Rodrik als "Globalisierungsparadox", als das "Politische Trilemma der Weltwirtschaft" bezeichnet. Dieses sollten wir uns weiter ansehen. Im Anschluss daran werde ich die Leitlinien des Internationalen Steuerrechts aus deutscher Sicht darstellen und auf die tatsächlichen Herausforderungen der Globalisierung in Zeiten der Kapitalverkehrsfreiheit und der Digitalisierung anwenden. Dabei wird auch der BEPS-Aktionsplan der OECD einbezogen, also der Reparaturplan, der das Internationale Steuerrecht wieder auf die Füße stellen soll. Es ist höchst zweifelhaft, ob diese Reparatur mit dem bisherigen Instrumentarium, so wichtig es ist, wirklich zufriedenstellend gelingen kann.

Diese Betrachtung führt dann zu weiteren Reformüberlegungen, die letztlich eine fundamentale Neuordnung des Internationalen Steuerrechts bedeuten könnten.

II. Das Globalisierungstrilemma

Das politische Trilemma der Weltwirtschaft besteht nach *Rodrik* darin, dass wir nicht alle drei Errungenschaften – Globalisierung, Demokratie und Nationale Selbstbestimmung – zugleich haben können. Er sagt:

> "Wir können höchstens zwei davon auf einmal haben: Wenn wir den Nationalstaat beibehalten und dazu die (...) Globalisierung haben wollen, müssen wir die Demokratie vergessen. Und wenn wir Nationalstaat und Demokratie behalten wollen, müssen wir uns von der tiefen Globalisierung verabschieden." (*Rodrik*, 2011, S.260 f.)

Rodrik spricht regelmäßig von <u>Hyper</u>globalisierung und meint damit vornehmlich eine globalisierte Weltwirtschaft, in der alle Transaktionskosten beseitigt sind und keine Ländergrenzen den Austausch von Gütern, Dienstleistungen und insbesondere Kapital behindern. (Die Virtualisierung durch Digitalisierung ist noch nicht einmal in seinem Fokus. Diese kommt m.E. zu dem Trilemma noch verstärkend hinzu.)

Rodrik fragt: Können in einer von Kapitalverkehrskontrollen und Transaktionskosten befreiten wirtschaftlichen Ordnung Nationalstaaten noch existieren? In einer solchen Welt würden Staaten vornehmlich das politische Ziel verfolgen, das Vertrauen der Märkte zu gewinnen und Handels- und Kapitalströme in ihr Land zu schleusen. Für solche Staaten würde gelten: Sparsame Haushaltspolitik, kleiner Staat, niedrige Steuern, flexibler Arbeitsmarkt, Deregulierung.

Wenn man die Globalisierung weiter vorantreibt (oder als unverhandelbar hinnimmt), kann alternativ der Nationalstaat geopfert werden, um die Demokratie zu retten. Konkret also durch Schaffung robuster (globaler) Institutionen, die einen supranationalen rechtlichen und politischen Raum schaffen würden, der sich mit dem (globalen) Wirtschaftsraum decken würde. Die sich aus Staatsgrenzen ergebenden Transaktionskosten würden verschwinden. Ausdrücklich nennt er die Europäische Union als ein regionales Beispiel für eine solche Struktur (wenngleich die EU für die direkten Steuern nicht zuständig ist).

Dritte Möglichkeit wäre das Zurückschrauben der Globalisierung, eine "intelligente" Globalisierung, eine Globalisierung "mit Augenmaß". Für *Rodrik* bedeutet dies eine Regulierung des globalen Finanzwesens und eine verbesserte internationale Handelsordnung.

Ich kann *Rodriks* Ansatz hier nicht weiter ausführen, sondern empfehle Ihnen sein Buch. Aber der Gedanke des Trilemmas ist faszinierend und dient – wenn nicht als Erklärungsmodell so doch zumindest – als Ansatz zur vertieften Auseinandersetzung mit der Demokratiekrise, die wir in unserer Zeit vielerorts erleben.

III. Das Steuerrecht im Spannungsfeld zwischen Welthandel, Nationalstaat und Demokratie

Schon dieser kurze Aufriss weist darauf hin, dass sich auch das Internationale Steuerrecht in einem Globalisierungstrilemma befindet. Besteuerungssubstrat ist das Welteinkommen, das von Nationalstaaten nach Maßgabe des Territorialitätsprinzips der Besteuerung unterworfen (und dazu gegebenenfalls nach dem Quellenprinzip aufgeteilt) wird, und zwar bei Marktteilnehmern, die gebietsansässige oder gebietsfremde Bürger und Unternehmen sind.

Die Steuererhebung muss in einer Demokratie demokratisch legitimiert sein und dient der Finanzierung des Haushalts des Staates, der wiederum auch bei der Mittelverwendung das Budgetrecht und dessen demokratische Legitimation zu beachten hat. Welchen Aufgabenbereich hat der Nationalstaat? Welchen Zugriff hat die Besteuerung? Wie groß oder klein wird der Staat, wie sieht demokratische Teilhabe aus in Zeiten der Globalisierung? Kann das Besteuerungsaufkommen zur Staatsfinanzierung sichergestellt werden?

- Vorbemerkung 1: Teilhabe als Kehrseite der Besteuerung

Wir müssen, bevor wir uns die Grundsätze des Internationalen Steuerrechts näher ansehen, noch kurz auf zwei Punkte eingehen.

Zunächst den Grundsatz *"No taxation without representation"*. Dieser Grundsatz verdeutlicht die besondere Funktion des Steuerrechts zwischen Fiskus/Staat und Steuerzahlern/Bürgern. Der Grundsatz *"No taxation without representation"* liegt der demokratischen Entwicklung im Westen seit Jahrhunderten zugrunde. Importzölle an die britische Krone zu zahlen, ohne jedoch im Parlament Großbritanniens mit gewählten Abgeordneten vertreten zu sein, erregte die Bostoner Bürger! Die *Tea Party* von 1773 war ein wichtiges Datum auf dem Weg zur Unabhängigkeit der USA als freie Demokratie im Jahr 1776.

Die Verbindung von Steuern und Teilhabe spricht in demselben Jahr auch *Adam Smith* an, in seinen Grundregeln über die Steuern im Allgemeinen:

"The subjects of every state ought to contribute towards the support of the government, as nearly as possible (…) in proportion to the revenue which they respectively enjoy under the protection of the state.", und

The tax which each individual is bound to pay ought to be certain, and not arbitrary. The time of payment, the manner of payment, the quantity to be paid, ought all to be clear and plain to the contributor, and to every other person." (*Smith*, 1776, Fünftes Buch, Zweites Kapitel, Zweiter Teil)

Bei *David Ricardo* heißt es dazu:

"Taxes are a portion of the produce of the land and labour of a country, placed at the disposal of the government." (*Ricardo*, 1821, Kapitel Drei)

Diese beiden Urväter der klassischen Nationalökonomie stehen natürlich noch am Anfang von Industrialisierung, Nationalstaatenbildung und Demokratisierung im modernen Sinne.

Heute heißt *"No taxation without representation"* insbesondere Parlamentsvorbehalt.

Aber schon seit der *Magna Charta* von 1215 war mit der Leistung von Abgaben der allgemeine Gedanke der Teilhabe verbunden. Teilhabe im Sinne eines Äquivalenzprinzips im weiteren Sinne. Auch wenn Steuern gerade keinen Anspruch auf eine konkrete Gegenleistung vermitteln (§ 3 AO), so mag man doch darin eine Frage der demokratischen Teilhabe und der Steuergerechtigkeit sehen. Welche Sprengkraft in dieser Frage liegt, zeigt die aufgeheizte politische Diskussion vor der Brexit-Abstimmung in Großbritannien um Finanzierungsbeiträge zum Haushalt der Europäischen Union.

-   **Vorbemerkung 2: Steuerrecht und Verfassungsstaat**

Und noch eine Vorbemerkung: Behalten wir bei unserer weiteren Betrachtung im Hinterkopf, was *Udo di Fabio*, der Bonner Rechtswissenschaftler und frühere Richter am Bundesverfassungsgericht, aus verfassungsrechtlicher Sicht ausgeführt hat:

> "Das Steuerrecht bleibt trotz wachsender Einwirkung von außen und überstaatlicher Koordinierung im Kern in staatlicher Hand. Dies wird so bleiben, solange es souveräne Staaten gibt. Schon weil hier der Anfang des modernen Staates liegt, wird man daran auch den Punkt seines Endes ablesen können, wenn er die Herrschaft über Einnahmen und Ausgaben in einem substantiellen Sinne verlöre. (...) [Das Steuerrecht und das Budgetrecht zählt zu den Bereichen] (...), die besonders auf die demokratische Legitimation angewiesen (...) sind und deren weitgehende Übertragung auf zwischenstaatliche Einrichtungen oder die Europäische Union, also nicht nur die Übertragung (...) bei bestehenden besonderen Koordinationsproblemen, zu einer verfassungswidrigen Entstaatlichung führen könnte." (*Di Fabio*, 2010, S. 199)

Wir haben es also stets mit einer verfassungsrechtlichen und einer demokratie-legitimatorischen Dimension zu tun. Dieser Dimension muss die praktische Besteuerung weltweiter unternehmerischer Tätigkeit auf Ebene steuergesetzgebender Körperschaften gerecht werden.

1. Leitlinien des Internationalen Steuerrechts

Schauen wir uns vor diesem Hintergrund die Leitlinien des Internationalen Steuerrechts aus deutscher Sicht weiter an:

- Welteinkommen- und Quellenprinzip im Bereich der Ertragsteuer

Im Bereich der Ertragsteuer wird eine Person grundsätzlich dort mit dem Welteinkommen als "unbeschränkt steuerpflichtig" besteuert, wo sie ihren Wohnsitz, gewöhnlichen Aufenthalt, Sitz oder tatsächliche Geschäftsleitung innehat, also "ansässig" ist (§§ 1 I EStG, 1 I KStG, 8 – 11 AO; für die Gewerbesteuer s. § 2 I – III GewStG). Gebietsfremde, also „nicht ansässige" Personen werden im Inland nur mit solchen Einkünften als „beschränkt steuerpflichtig" besteuert, die aus einer (im Einzelnen tatbestandlich genau bezeichneten) Einkunftsquelle im Inland stammen (§§ 1 IV, 49 EStG,

2 KStG; für die Gewerbesteuer s. § 2 VI GewStG). Im Bereich der unternehmerischen Einkünfte wird jeweils der Gewinn (§§ 4, 5 EStG), das Einkommen (§ 7, 8 KStG) bzw. der Gewerbeertrag (§ 6 GewStG) besteuert. – Bei der beschränkten Steuerpflicht gewerblicher Unternehmen kommt der Betriebsstätte (§ 12 AO) als „fester Einrichtung oder Anlage" entscheidende Bedeutung zu.

Greifen wir zur Veranschaulichung des Welteinkommen- und des Quellenprinzips das Beispiel unseres international tätigen Möbelherstellers auf: Dieser ist als deutsche GmbH organisiert und in mehreren Ländern tätig: in Finnland über eigene Forstbetriebe, in Polen über ein als Personengesellschaft organisiertes Sägewerk, in Deutschland mit dem eigentlichen Möbelproduktionsbetrieb und in weiteren Ländern mit Vertriebskapitalgesellschaften.

Wertschöpfung wird in allen genannten Staaten erzeugt. Am Ende der Wertschöpfungskette werden Möbel verkauft. Dabei entsteht – hoffentlich – Gewinn. Welcher Staat darf diesen besteuern? Der Möbelhersteller erzeugt Synergien, entwickelt über die Jahre eine Marke, einen Kundenstamm, einen Firmenwert. Welcher Staat darf diese besteuern? Die Anteile an der Möbel-GmbH gewinnen an Wert. Welcher Staat darf diesen besteuern?

Das Internationale Steuerrecht hat hier eine Abgrenzungsfunktion, die erforderlich ist, weil die Besteuerung des Welteinkommens im Ansässigkeitsstaat einen extraterritorialen Ansatz bedeutet und sich der Steuerpflichtige aufgrund des Quellenprinzips bzw. der beschränkten Steuerpflicht im Ausland dem Zugriff mehrerer Staaten ausgesetzt sieht. In unserem Beispiel des Möbelherstellers will z.B. Finnland den Gewinn aus der Urproduktion, Polen den Gewinn aus der Sägeleistung besteuern. Letztlich geht es um die Besteuerung nach der Leistungsfähigkeit auf dem Gebiet der beteiligten Gebietskörperschaften. Dabei werden die Einkunftsquellen der unternehmerischen Betätigung nach Maßgabe des Fremdvergleichs gegeneinander abgegrenzt.

- Zurechnung und Gewinnabgrenzung; Verrechnungspreise; Fremdvergleich

Auf einer ersten Ebene ist sicherzustellen, dass der Gewinn der einzelnen Gesellschaften und Betriebsstätten in angemessener Höhe richtig ermittelt wird. Gerade dort, wo gesellschaftsinterne Leistungsbeziehungen z.b. zwischen Stammhaus und Betriebsstätte bestehen (zivilrechtlich naturgemäß nicht auf vertraglicher Grundlage), aber auch bei Leistungsbeziehungen zwischen Konzerngesellschaften (wirtschaftlich ohne natürlichen Interessengegensatz) kommt der verursachungsgerechten Zurechnung und Gewinnabgrenzung auf der Grundlage fremdvergleichsadäquater Verrechnungspreise entscheidende Bedeutung zu. Dabei ist zu berücksichtigen, dass bei Konzernsachverhalten ein betriebswirtschaftlicher Interessengegensatz zwischen unterschiedliche Ziele verfolgenden Personen typischerweise nicht vorliegt. Diese Problematik besteht weniger bei Verkehrsgeschäften, die auch oder gerade unter fremden Dritten üblich sind, wie z.b. die Lieferung von Holz oder die Sägeleistung in unserem oben genannten Beispiel. Die Problematik ergibt sich vielmehr bei immateriellen Wirtschaftsgütern, von Geschäftsleitungsmaßnahmen und von der Marke über den Kundenstamm bis zum Geschäfts- und Firmenwert.

Über die Jahre und Jahrzehnte ist eine Vielzahl an Vorschriften entwickelt worden, die hier nur kurz geschildert werden können:

- Regeln über die Zurechnung des wirtschaftlichen Eigentums (§ 39 AO);

- Regeln über Verrechnungspreise und Berichtigung von Einkünften nach dem Maßstab des Fremdvergleichs im engeren Sinne (§ 1 AStG, Art. 7 II, 9 I OECD-MA);

- Regeln über verdeckte Gewinnverwendung (§ 8 III 2 KStG) und Korrespondenz, insbesondere im Körperschaftsteuerrecht;

- Entstrickungsregeln (§§ 4, 16 EStG; 12 I, III KStG) und Regeln zur Wegzugsbesteuerung (§ 6 AStG) bzw. zur sonstigen Verlagerung von Steuersubstrat ins Ausland (Funktionsverlagerung, § 1 AStG);

- Begrenzung von Zins- und nunmehr auch Lizenzaufwendungen (§§ 4h, 4j EStG, § 8a KStG);

- Regeln über die Hinzurechnung von passiven Einkünften im niedrig besteuerten Ausland (§§ 7 – 14, 20 II AStG);

- Gesteigerte Mitwirkungs- und Dokumentationspflichten (z.B. § 90 AO; 16 f. AStG).

Die genannten Maßnahmen dienen den Zielen der Kohärenz der Besteuerung, der Besteuerung nach der wirtschaftlichen Substanz und Leistungsfähigkeit und der Herstellung von Transparenz zur Beseitigung der Informationsasymmetrie zwischen Verwaltung und Unternehmen. Diesen Gedanken – Kohärenz, Substanz und Transparenz – werden wir im Rahmen des BEPS-Projekts der OECD wieder begegnen.

- Vermeidung der Doppelbesteuerung

Auf einer zweiten Ebene ist dann dort, wo der Gewinn im Quellenstaat ermittelt worden ist und besteuert wird, die im Sitzstaat drohende Doppelbesteuerung zu vermeiden, im Wesentlichen durch Anrechnung ausländischer Steuern (§ 34c EStG; Art. 23B OECD-MA) oder durch Freistellung ausländischer Einkunftsteile im Inland (Art. 23A OECD-MA).

- Missbrauchsvermeidung

In Ergänzung zu den vorstehenden Regeln zur Umsetzung des Territorialitätsprinzips bestehen schon seit jeher Missbrauchsvermeidungsvorschriften (namentlich § 42 AO), die fortlaufend erweitert werden (§§ 50d ff. EStG).

- Exkurs: Umsatzsteuer

Es ist wichtig zu betonen, dass die hier kurz geschilderten Rahmenbedingungen des Internationalen Steuerrechts im Wesentlichen für das Ertragsteuerrecht gelten. Daneben steht in vielen Fällen die Besteuerung mit Umsatzsteuer, die vom Unternehmer geschuldet, aber über den Kaufpreis bzw. sonstige Gegenleistung auf den Endkunden abgewälzt wird. Unternehmer in der Leistungskette sind zum Vorsteuerabzug berechtigt. Das

Umsatzsteuerrecht ist in seiner Wirkung auf den Besteuerungsort beschränkt. – Auf die Umsatzsteuer als Verkehrssteuer werden wir am Ende noch einmal zurückkommen.

Zwischenergebnis

Für unseren international tätigen Möbelhersteller ergibt sich bei Anwendung dieser Grundsätze Folgendes: Der Gewinn der finnischen Betriebsstätte wird nach Fremdvergleichsgrundätzen in Finnland ermittelt und im Rahmen der beschränkten Steuerpflicht dort besteuert (vgl. Art. 6 I DBA-Finnland). Deutschland stellt den finnischen Betriebsstättengewinn steuerfrei (Art. 23 I lit. a) DBA-Finnland). Der Gewinnanteil aus dem polnischen Sägewerk wird gleichermaßen nach Fremdvergleichsgrundätzen ermittelt, in Polen besteuert und in Deutschland steuerfrei gestellt (Art. 7, 9 24 DBA-Polen). In Deutschland wird der Gewinn aus dem Geschäftsbetrieb, insbesondere dem Verkauf der Möbel an Kunden und Händler ermittelt und besteuert, und zwar auch bei Lieferung an die ausländischen Vertriebstöchter im Rahmen des Fremdvergleichs. Soweit die Tochtergesellschaften netto eine Handelsmarge erzielen, wird diese im Ausland besteuert; in Deutschland werden die Auslandsgewinne regelmäßig erst bei Ausschüttung als (potentiell quellensteuerpflichtige, vgl. Art. 10 OECD-MA; s. aber auch Art. 5 f. MTRL) Dividenden steuerlich erfasst und bereits nach nationalem Recht weitgehend steuerfrei gestellt (§ 8b I, V KStG; zur Vermeidung der Doppelbesteuerung nach DBA s. Art. 23A, 23B OECD-MA).

Der entscheidende Punkt ist die konzerninterne Gewinnabgrenzung und Verrechnungspreisgestaltung (§ 1 I, III, V AStG, Art. 7 II, 9 OECD-MA). Zwar ist hier schon vieles streitig genug, ebenso rechtlich wie tatsächlich: Wie hoch ist zum Beispiel der Wertschöpfungsanteil, der steuerpflichtige Gewinn des Forstbetriebs, des Sägewerks oder der Vertriebsgesellschaften? Welche Wertschöpfung steckt im Design und in der Qualität des Möbelbaus? Im Ergebnis ist das Instrumentarium des Internationalen Steuerrechts aber für den Bereich des klassischen Welthandels konzeptionell gut geeignet, die Abgrenzungsprobleme in den Griff zu bekommen.

2. Entwicklungen der Weltwirtschaft

Anders hingegen für die Industrie 4.0, für die liberalisierten Finanzmärkte, für die digitalisierte Wirtschaft.

a) Freiheit des Kapitalverkehrs

Die Freigabe des Kapitalverkehrs seit den 1980er Jahren wird entscheidend für den Rückgang der Unternehmensteuern, jedenfalls für einen Rückgang der Unternehmensteuersätze, für ein *Race to the Bottom*, verantwortlich gemacht. Doch geht es nicht nur um einen schädlichen Steuerwettbewerb, der durch Steueroasen noch verschärft wird. Die Errichtung von Steueroasen ist übrigens kein ausschließliches Privileg idyllischer Pazifikatolle oder früherer britischer Kronkolonien. Auch Irland ist beispielsweise eine Steueroase, Luxemburg, Niederlande. Auch Delaware ist eine Steueroase. Da wird man genauer hinschauen müssen.

International gibt es neben völliger Steuerfreiheit unterschiedliche Präferenzregime, unterschiedliche Doppelbesteuerungsabkommen und vor allem eine unterschiedliche Qualifikation von Gesellschaften und Finanzierungsformen bei grenzüberschreitenden Gestaltungen. Stichwort *"Hybrid Mismatch"*. Es ist z.B. oftmals unproblematisch, eine grenzüberschreitende Gesellschaftsfinanzierung im Sitzstaat des Gesellschafters als Eigenkapitalinvestment zu gestalten, während die Gesellschaft in ihren Büchern Fremdkapital ausweist. Auf Ebene der Gesellschaft werden dann steuerlich abzugsfähige Zinsen gezahlt, während beim Gesellschafter steuerfreie Dividenden ankommen.

Die Freigabe des Kapitalverkehrs und die daraus folgende Freiheit der Finanzmärkte insgesamt, mit allen Möglichkeiten zivilrechtlicher Strukturierung, hat schon bislang große steuerliche Probleme aufgeworfen. – *Nota bene*: Die Freigabe des Kapitalverkehrs hat natürlich nicht nur eine steuerpolitische, sondern insbesondere auch eine wohlfahrtsökonomische Dimension.

b) Digitalisierung

Noch deutlich größere steuerliche Probleme bringen die Folgen der Digitalisierung der Wirtschaft und aller Lebensbereiche mit sich. Es geht um die Sicherstellung der effektiven Besteuerung am Ort der Wertschöpfung.

Nehmen wir als Beispiel Informationsplattformen, z.B. Suchmaschinen, auf denen bei Überlassung persönlicher Daten oder auch nur bei Beobachtung des Nutzungsortes oder des Surfverhaltens des Nutzers im Gegenzug Informationen bereitgestellt werden.

Wo entsteht hier die Wertschöpfung? Wo unterhält ein Unternehmen eine Betriebsstätte? Am Ort der Hauptverwaltung? Dort wo der Algorithmus geschrieben wurde? Am Patentstandort? Dort wo der Server steht? Dort wo der Kunde seine Eingabemaske bedient und Waren und Dienstleistungen bestellt? Dort wo Daten eingesammelt werden? Dort wo sie ausgewertet werden? Dort wo die Leistung genutzt wird? Überall ein bisschen? – Und worin liegt der "geschöpfte Wert"?

Heute, in der Zeit des Internets der Dinge, sind diese Fragen alltäglich geworden. Ein kleines, fast unscheinbares Beispiel dafür, wie uferlos die Digitalisierung wirkt, stand vor wenigen Tagen in der F.A.Z.:

"Als (…) für einen großen Überseehafen die öffentliche Beleuchtung ausgeschrieben wurde, bewarben sich um den knapp 10 Millionen Euro großen Auftrag die üblichen Leuchtenhersteller, vier an der Zahl. Erstmals kam ein fünftes Angebot. Das amerikanische Unternehmen Cisco bot für null Euro an. Der Netzwerkausrüster war bereit, der Kommune die Beleuchtung zu schenken – gegen die Nutzung aller Daten aus der Beleuchtung.

Heute spenden Leuchten nicht nur Licht, sondern erfassen über Sensoren Daten, haben einen Bewegungsmelder, erkennen Veränderungen der Lichtverhältnisse und sind im Extremfall auch mit Kameras ausgestattet, die Menschen und Lastwagen bis hin zu jedem einzelnen Container erkennen, der den Hafen verlässt oder erreicht. An diesen Daten war Cisco interessiert, Leuchten stellt das Unternehmen gar nicht her." (*Giersberg*, 2018)

Zahllose Beispiele gibt es auch in der Sharing Economy, in der Konsumenten zu Produzenten werden, mit digitaler Technik, mit 3D-Druckern, unter Verwendung von Social Media.

Zahllose Beispiele gibt es in der FinTech-Branche, mit Blockchain-Technologie und Datennetzwerken. Insgesamt zeigen diese Beispiele, wie das "Internet der Dinge", wie die Digitalisierung aller Lebensbereiche fortlaufend zu neuen Formen wirtschaftlicher Tätigkeit führt, die steuerlich Herausforderungen mit sich bringen. Die nächste Dimension ist das "Internet der Werte". Auf die Weiterentwicklung komme ich unten noch einmal zurück.

3. Anpassungen des Internationalen Steuerrechts an diese Entwicklungen

Den vorstehend genannten steuerlichen Herausforderungen wird mittlerweile mit großem Engagement begegnet.

a) BEPS-Initiative

Mit der OECD-Initiative gegen *Base Erosion and Profit Shifting* von 2013, die von den G20 und der EU unterstützt wurde, und dem BEPS-Aktionsplan vom 5. Oktober 2015 soll die Aushöhlung steuerlicher Bemessungsgrundlagen und die Gewinnverlagerung in niedrig besteuernde Länder bekämpft werden. Der Aktionsplan ruht auf drei Säulen, die wir oben bereits angesprochen hatten, namentlich Kohärenz, Substanz und Transparenz (zudem geht es um die vereinfachte Anpassung von Doppelbesteuerungsabkommen durch das sog. „Multilaterale Instrument"):

- Kohärenz verschiedener nationalstaatlicher Steuersysteme (dabei geht es um die Bekämpfung von *Hybrid Mismatch Agreements*, wie oben angedeutet; um die Vermeidung übermäßigen Zinsabzugs, um die Hinzurechnungsbesteuerung passiver Auslandseinkünfte und allgemein um Regeln gegen schädliche Steuerpraktiken),

- Substanz als Anknüpfungspunkt für die Besteuerung (dabei geht es insbesondere um die Betriebsstättendefinition zur Durchsetzung des Territorialitätsprinzips, um die Verrechnungspreisgestaltung, gerade zur Gewinnaufteilung und zur Erfassung schwer zu bewertender immaterieller Wirtschaftsgüter, und um die Vermeidung des Missbrauchs von Doppelbesteuerungsabkommen), sowie

- Transparenz (Offenlegungspflichten, Informationsaustausch und Streitvermeidung).

Vieles davon ist bereits umgesetzt worden oder wird umgesetzt, nicht zuletzt auch in Deutschland und auf Ebene der Europäischen Union. So wird beispielsweise das Thema *Hybrid Mismatches* in den sog. ATAD-Richtlinien adressiert; "ATAD" steht dabei für *Anti-Tax-Avoidance-Directive*.

Vielleicht kann man den Stand der Dinge so zusammenfassen: Zwischen den Staaten der OECD, der G20, der EU und, soweit der Einfluss dieser Institutionen reicht, auch teilweise darüber hinaus, sind zahlreiche offensichtlich zur Steuerminderung führende Fehlentwicklungen adressiert worden.

Den Herausforderungen der Digitalisierung sind die genannten drei Säulen indes nicht hinreichend begegnet. Dies räumt auch die OECD offen ein, die zum "Aktionspunkt 1 – Herausforderungen für die Besteuerung der digitalen Wirtschaft" bemerkt:

"Eine strikte Trennung der digitalen Wirtschaft von der übrigen Wirtschaft ist nicht möglich (...), da die digitale Wirtschaft zunehmend die Wirtschaft an sich ist [Hervorhebungen durch Verf.]. (...) Es bestehen (...) systemische Fragen im Hinblick auf den bestehenden Rahmen für die Besteuerung grenzüberschreitender Tätigkeiten [der digitalen Wirtschaft] (...), die über die BEPS-Problematik hinausgehen." (*OECD*, 2015, S. 13)

OECD- und G20-Länder sind daher übereingekommen, "die Entwicklungen zu beobachten und die Daten zu analysieren, die im Lauf der Zeit verfügbar werden." Entscheidungen über weitere Optionen im Hinblick auf die Besteuerung sollten sich auf eine "allgemeine Betrachtung der Fähigkeit der bestehenden internationalen Steuerstandards stützen, den durch die Entwicklungen in der digitalen Wirtschaft aufgeworfenen Problemen zu begegnen".

Solange wird darüber nachgedacht, die bestehenden Instrumente des internationalen Steuerrechts auf die Sachverhalte der digitalen Wirtschaft hin anzuwenden, beispielsweise durch Ausdehnung des Betriebsstättenbegriffs (Stichwort "Virtuelle Betriebsstätte") und andere Maßnahmen, die in das überkommene Gesamtkonzept passen und durch das neue "Multilaterale Instrument" zur vereinfachten Anpassung von Doppelbesteuerungsabkommen und über politischen Druck umgesetzt werden können.

b) Fundamentale Schwierigkeiten

So richtig und wichtig die BEPS-Initiative, die *Anti-Tax-Avoidance* Richtlinien der Europäischen Union und zahlreiche Gesetze auf nationalstaatlicher Ebene, insbesondere in Deutschland, auch sein mögen, und so bedenkenswert eine "virtuelle Betriebsstätte" auch sicher ist: Die fundamentale Frage, wie weltweite wirtschaftliche Betätigung in Zeiten freien Kapitalverkehrs und fortschreitender Digitalisierung aller Lebensbereiche besteuert werden kann, ist damit nicht beantwortet. Angesichts des Globalisierungstrilemmas ist Skepsis geboten, ob die bisherigen Antwortversuche geeignet sein können, eine langfristig tragfähige Lösung zu bewirken.

Gründe für Skepsis sind typischerweise die Folgenden:

- Auch wenn OECD, G20 und EU einen wesentlichen Teil der Weltwirtschaft abdecken und über politischen Druck Einfluss auf andere Staaten ausüben können, werde es kaum gelingen, sämtliche Staaten abzudecken.

- Selbst in Staaten, die Mitglieder der Staatengemeinschaft gegen BEPS sind, werde allzu oft ein Sonderverhältnis mit Drittstaaten oder ein nationales Sonderregime auf eigenem Staatsgebiet geduldet.

- Die Steuerrechtsordnungen einzelner Staaten sind schon historisch und kulturell bedingt so unterschiedlich, dass volle Konsistenz nicht möglich ist.

- Der Kampf zwischen dem Grundsatz nullum tributum sine lege einerseits und der Pflicht der verantwortlichen Organe multinationaler Unternehmen, Steuern als betriebliche Kosten zu sparen, andererseits werde im Zweifel zu Lasten des Fiskus entschieden.

- Gerade bei der Besteuerung immaterieller Vermögensgegenstände und, vorgelagert, der Erfassung der Wertschöpfungsbeiträge im Bereich der beschränkten Steuerpflicht und der Prüfung der Verrechnungspreise im multinationalen Konzern sei eine konsistente Gewinnbesteuerung kaum möglich. Aufgrund der exponentiellen technischen Entwicklung und der damit verbundenen Informationsasymmetrie hinke der Fiskus bei der Erfassung neuer Geschäftsmodelle gezwungenermaßen hinterher. Es sei ein Hase-und-Igel Rennen, das der Fiskus nicht gewinnen könne.

Den zuletzt genannten Punkt halte ich für den wichtigsten. Ich möchte kurz auf das Beispiel der Blockchain-Technologie eingehen, ehe ich zu alternativen Reformüberlegungen komme.

Wir müssen unseren Betriebsstätten- und Fremdvergleichsmaßstab hinterfragen nicht nur in Bezug auf das Beispiel Blockchain, sondern ganz allgemein in Bezug auf verschlüsselte Datenbank-Managementsysteme, die heute nicht mehr nur einfach dezentralisiert, sondern z.b. bei der Blockchain-Technologie "verteilt" ("*distributed*") vorgehen und die Integrität aller Daten sicherstellen sollen. Man spricht vom "Internet der Werte", dessen Integrität durch verteilte, vernetzte Technologie zu jeder Zeit überall gleichermaßen sichergestellt sei, ohne dass es noch irgendwelcher Intermediäre bedürfe. – Wie soll in "verteilten Netzwerken" das Konzept "virtuelle Betriebsstätte" funktionieren?

Ganz unabhängig davon, ob man dem Beispiel Blockchain die Innovationskraft zuspricht, wie manche das tun: Sind wir sicher, dass wir die Wertschöpfungsbeiträge von verteilten Datenbanken, künstlicher Intelligenz, Nanotechnologie, Fintechs und anderen technologischen Entwicklungen so einwandfrei ermitteln und territorial zuweisen können, wie es der Vorbehalt des Gesetzes verlangt?

IV. Reformüberlegungen

Seit Jahren wird in Ministerien, Universitäten, NGOs und anderen Think Tanks über diese Fragen nachgedacht. Es gibt Reformüberlegungen, die bereits weit gediehen und zum Teil in Gesetzgebungsentwürfe eingeflossen sind. Teilweise stellen diese eine Ergänzung zu den klassischen Instrumenten des Internationalen Steuerrechts dar, teilweise sind sie sicher alternativ zu sehen und würden einen Systemwechsel bedeuten.

Der Ausgangspunkt weitergehender Überlegungen ist nicht, was wir als Juristen, die die Steuergesetze schreiben und anwenden, nicht wissen, sondern das wir wissen oder kennen oder woran wir ohne weiteres zumindest anknüpfen können: Dies ist zum einen

- die Konzernbilanz als den Gesellschaftern geschuldeter und vom Kapitalmarkt bzw. von den Banken geforderter Rechenschaftsbericht über den Gesamterfolg des Unternehmens; und zum anderen
- der Umsatz am *Point of Sale*.

Deshalb werden neben der virtuellen Betriebsstätte als "Nexus" im Sinne einer "signifikanten virtuellen Präsenz" (*Becker/Englisch*, 2017, S. 806) und der Fortentwicklung des Fremdvergleichsmaßstabs (*Eden*, 2014) vor allem die folgenden Instrumente diskutiert:

1. Gemeinsame konsolidierte Körperschaftsteuer-Bemessungsgrundlage

Die Europäische Kommission hat am 25. Oktober 2016 zwei Richtlinienvorschläge veröffentlicht, über die Erstellung einer gemeinsamen Körperschaftsteuerlichen Bemessungsgrundlage (GKB) und über deren Konsolidierung (GKKB).

Bereits im Jahr 2011 hatte die Kommission entsprechende Vorschläge gemacht, war aber zunächst nicht durchgedrungen. Jetzt wird ein neuer Anlauf unternommen. In einem ersten Schritt soll in Konzerngruppen mit einem Umsatz von mindestens € 750 Mio. eine harmonisierte Gewinnermittlung nach einheitlichen Maßstäben erfolgen (Phase I). Innerhalb der EU werden dadurch *Hybrid Mismatches* etc. ausgeschlossen. – In einem zweiten Schritt soll dann der Gewinn der Gruppe konsolidiert und im Wege einer formelbasierten Aufteilung ("*Formulary Apportionment*") auf die Staaten, in denen der Konzern Gruppenmitglieder oder Betriebsstätten unterhält, aufgeteilt werden (Phase II). Die Formel berücksichtigt dabei drei gleich gewichtete Faktoren, Arbeit, Vermögenswerte und Umsatz nach Bestimmungsort; der Faktor Arbeit wird anhand von Lohnsumme und Beschäftigtenzahl (je zur Hälfte) berechnet. In Branchen, in denen das Ergebnis der Aufteilung den Umfang der Geschäftätigkeit nicht angemessen widerspiegelt, kann eine andere Aufteilung vorgesehen werden. Für Unternehmensgruppen wird eine Hauptsteuerbehörde zentrale Anlaufstelle (*One-stop-shop*).

Das entscheidende Element der beiden Richtlinienvorschläge ist die GKKB, also die Vollkonsolidierung mit formelbasierter Gewinnaufteilung. Die Bundesregierung und der Großteil der Mitgliedstaaten der EU haben die Neuauflage des GKKB-Projekts von 2011 im Grundsatz begrüßt, auch wenn einstweilen völlig offen ist, ob die grundsätzlich erforderliche Zustimmung aller Mitgliedstaaten erteilt oder – wenn keine Einstimmigkeit erzielt werden kann – ob es ggf. zur "Verstärkten Zusammenarbeit" von mindestens neun Mitgliedstaaten kommen wird.

Es gibt natürlich Kritik. Die formelbasierte Aufteilung der Bemessungsgrundlage sei holzschnittartig und streitanfällig, und sie führe wiederum zu Ausweichgestaltungen. Die Gewinnabgrenzung im Verhältnis zu Drittstaaten bleibe problematisch. Und in den Mitgliedstaaten werde auf absehbare Zeit ein paralleles nationales Unternehmensteuerrecht fortbestehen. Aber die kritische Diskussion sollte insbesondere zwei Punkte berücksichtigen:

-   Erstens kann die Vereinheitlichung innerhalb der EU zu einer wirklichen Vereinfachung der Gewinnermittlung und Konsolidierung führen: Mismatches etc. können nicht mehr bestehen, die Verrechnungspreisproblematik entfällt im Konsolidierungsraum.

-   Zweitens lassen sich Vorbilder für die formelbasierte Gewinnaufteilung in anderen Staaten finden, z.B. in den USA, wo man mit dieser Technik seit Jahrzehnten ganz gut zurechtzukommen scheint; und z.B. auch in Deutschland, wo die formelhafte Aufteilung bereits bislang bei einer tragenden Säule der Unternehmensteuer Anwendung findet, nämlich der Gewerbesteuer, bei der der Steuermessbetrag nach der Summe der Arbeitslöhne (also einer sehr schlichten Formel) zwischen den Gemeinden, in denen eine Betriebsstätte unterhalten wird, aufgeteilt wird. – Mit der länderbezogenen Berichterstattung, die im Rahmen von BEPS für die Verrechnungspreise vereinbart worden ist (Aktionspunkt 13), liegt bereits eine gedankliche Grundlage und später auch eine Datenbasis für die Verprobung der Gewinnaufteilung vor.

Im Ergebnis bedeutet die GKKB einen unionsweiten Besteuerungsrahmen. Wird damit der Nationalstaat zum Verlierer im Globalisierungstrilemma? Ich meine nein. Die Steuererhebung findet weiter auf Ebene der Nationalstaaten statt.

2. Destination-based Cash-flow Taxation

In der Vorbereitung der US-Steuerreform wurde eine völlige Neuordnung der Unternehmensbesteuerung erwogen, eine Art Umsatzsteuer im Staat des Absatzes von Waren und Dienstleistungen. Dieses Konzept der sog. *Destination-based Cash-flow Taxation* (DBCFT) war Bestandteil der Gesetzesvorlage des Mehrheitsführers im Repräsentantenhaus, man sprach daher auch vom *"Ryan Blue-print"*. Die DBCFT war jedoch im endgültigen *Tax Cuts and Jobs Act* vom 22. Dezember 2017 nicht mehr enthalten.

Aus Sicht des Internationalen Steuerrechts ist das Modell der DBCFT beeindruckend und weiterhin Teil der Reformdiskussion. Es wurde gedanklich von den Professoren *Michael Devereux*, den ich eingangs schon genannt hatte, und *Alan Auerbach* aus Berkeley vorbereitet, unter Bezugnahme auf verschiedene Vorarbeiten.

Besteuert wird nicht am Ursprungsort, sondern am Absatzort. Kunden und Konsumenten sind vergleichsweise immobil, der Einfluss der Unternehmen auf den Besteuerungsort entsprechend gering, die Besteuerung wird sichergestellt. Alle Probleme mit Betriebsstätten, Verrechnungspreisen und Ausweichgestaltungen fallen weg. Löhne, Produktions- und Vertriebskosten werden dort geltend gemacht, wo sie anfallen. Investitionen können sofort, d.h. ohne Verteilung auf mehrere Wirtschaftsjahre, geltend gemacht werden. Exporterlöse werden von der Bemessungsgrundlage ausgenommen. Dagegen werden Importe mit einer *Border Adjustment Tax* in voller Höhe besteuert. – Dies alles erinnert in der Tat sehr an unsere Umsatzsteuer, die seit vielen Jahren und Jahrzehnten erprobt ist, mit der zusätzlichen Einbeziehung der Lohnkosten.

Natürlich hätte eine einseitige Einführung der DBCFT durch die USA mit einer (systemimmanenten) *Border Adjustment Tax* die Exporte für Ausländer, z.b. deutscher Autobauer in die USA, massiv verteuert. Die Wechselkurse des US-Dollars hätten Kapriolen geschlagen, wie sich aus entsprechenden Modellen ergibt.

Wenn die DBCFT aber global abgestimmt und koordiniert eingeführt würde, könnte sie die in diesem Vortrag geschilderten Probleme des Internationalen Steuerrechts, das Thema BEPS, nahezu "auf einen Streich" lösen.

Sie würde z.b., um auf unser eingangs genanntes Beispiel zurückzukommen, bedeuten, dass Gewinne aus dem Verkauf von iPhones und iTunes vollständig der Besteuerung im Inland unterlägen, ganz unabhängig von der von Apple gewählten Struktur.

Das Besteuerungsrecht verbliebe bei den Nationalstaaten. Aus europäischer Sicht wäre ein solches Konzept einer modifizierten Umsatzsteuer sicher gut denkbar – bei internationaler Einführung.

3. Ausgleichsteuer, Quellensteuer

Schließlich: Innerhalb der EU, namentlich bei Frankreich und Deutschland und acht weiteren Staaten, hat der Gedanke einer Ausgleichsteuer (*Equalisation Tax*) im Sinne einer eigenständigen Quellensteuer auf digitale Geschäfte und einer Abgabe auf Einnahmen aus der Bereitstellung digitaler Dienstleistungen, große Sympathie erfahren. Aus Sicht der Europäischen Kommission solle, solange es keinen angemessenen Fortschritt auf globaler Ebene gibt, "die EU ihre eigenen Lösungen für die Besteuerung der Gewinne der in der digitalen Wirtschaft tätigen Unternehmen umsetzen (…) und eine gezielte Umsatzsteuer und eine EU-weite Werbesteuer prüfen" (*Europäische Kommission*, 21. September 2017). Der Europäische Rat konnte im Dezember 2017 noch kein Einvernehmen in dieser Frage erzielen. Ablehnend dabei insbesondere: Irland. – Bis zum Sommer 2018 soll die Kommission weitere Vorschläge vorlegen.

4. Offene Fragen

Wir müssen hier innehalten. Ich möchte zusammenfassen:

Die GKKB ist ein stimmiges Konzept. Sie bleibt zwar zunächst auf die EU beschränkt, kann aber auch im größeren Maßstab funktionieren.

Die weiteren Reformüberlegungen führen zu einer Überlagerung verschiedener Steuerarten, die noch nicht geklärt ist.

- Die DBCFT als bestimmungslandbezogene Kapitalzuflusssteuer macht ganz offen Anleihen bei der Umsatzsteuer. Wie würden Ertrag- und Umsatzsteuer zueinander stehen? Wie erfassen wir Firmenwert und andere immaterielle Wirtschaftsgüter im Rahmen oder ggf. zusätzlich zu einer als Umsatzsteuer qualifizierenden DBCFT? – In jedem Fall bedarf die DBCFT eines internationalen Konsenses.

- Ähnliche Fragen stellen sich bei der in der EU diskutierten einseitigen Ausgleichsteuer. Wie werden Ausgleichsteuer und Ertragsteuer aufeinander abgestimmt?

- Auch die virtuelle Betriebsstätte, die ich bislang kritisch betrachte, muss weiter untersucht werden. Ist diese wirklich noch Teil einer Ertragsteuer oder nicht vielleicht eher Anknüpfungspunkt einer Umsatzsteuer?

Neben der ökonomisch angemessenen territorialen Erfassung von Wertschöpfungsanteilen oder jedenfalls der angemessenen territorialen Zuweisung von Besteuerungsrechten (im Sinne eines Steuermessbetrages) ist rechtlich also auch die Abstimmung unterschiedlicher Steuerarten aufeinander von besonderer Bedeutung. Dabei sind finanzverfassungsrechtliche Vorgaben ebenso zu beachten wie internationale Verträge, beispielsweise die der Welthandelsordnung zugrundeliegenden Abkommen.

Diese Themen müssen geklärt werden. Dabei ist natürlich auch darauf zu achten, dass nicht bestehende Probleme gelöst und dadurch neue geschaffen werden.

V. Schlussbemerkung

Wir haben uns gemeinsam die Frage gestellt: Funktioniert das Internationale Steuerrecht in seiner Gesamtheit? Können wir in jedem Falle beantworten, welcher Staat bei grenzüberschreitenden Sachverhalten den entstehenden Gewinn besteuern darf?

Die Antwort ist, einstweilen: Nein.

De lege ferenda ist die GKKB und die Ergänzung des bestehenden Systems um angemessene Quellen- und Verkehrssteuerelemente diskussionswürdig. Wenn die EU hier jedenfalls mit ihren großen Industriestaaten geschlossen voranginge, wäre die GKKB denkbar. Die Ausgleichsteuer und die DBCFT sollten parallel weiter erforscht werden.

Wir haben uns, noch sehr viel grundsätzlicher, die Frage gestellt, ob das Internationale Steuerrecht in einem Spannungsfeld steht zwischen Welthandel, Nationalstaat und Demokratie.

Mir ist sehr wohl bewusst, und ich kann dies jetzt am Ende meines Vortrags freimütig einräumen, dass Überlegungen zu diesem Thema natürlich weit über den Rahmen einer Vorlesung hinausführen. Die Zwischenergebnisse, die wir gefunden haben, sind höchst vorläufiger Natur. Aber wir müssen schnell zu überzeugenden Antworten kommen.

Die Wucht der Populisten weltweit ist zu einer Bedrohung für die staatliche Ordnung, für die Demokratie geworden. Für den Bereich der Besteuerung darf kein Zustand eintreten, in dem natürliche Personen, die typischerweise ortsgebunden sind, in ihrem Heimatstaat ohne weiteres Lohnsteuer, Kapitalertragsteuer und weitere Steuern auf ihr weltweites Einkommen zahlen, während international aufgestellte Investoren und Unternehmen unter Zugrundelegung des Internationalen Steuerrechts und unter Ausnutzung der Besteuerungslücken, die dieses lässt, vergleichsweise weniger

Steuern zahlen. Der damalige Bundespräsident *Joachim Gauck* hat dies wie folgt ausgedrückt:

> "Es gibt auch Methoden, Steuern zu vermeiden, die zwar noch legal, aber trotzdem fragwürdig sind. All das darf unsere Gesellschaft nicht hinnehmen. (...) Was sich keineswegs ausbreiten darf, ist das Gefühl, wer nicht trickst, ist selbst schuld. Dieses Gefühl gefährdet unsere Demokratie." *(Gauck, 2013)*

Ich habe lange überlegt, dieses Zitat hier aufzunehmen: Gefühle sind keine eigenständige juristische Kategorie. Aber sie können sehr schnell zu realen rechtlichen Entscheidungen führen. In Parlamentswahlen zum Beispiel, dem stärksten hoheitlichen Akt der Demokratie.

Kurz gesagt: Ja, das Internationale Steuerrecht befindet sich im Spannungsfeld zwischen Welthandel, Nationalstaat und Demokratie. Wir werden das Internationale Steuerrecht in Zeiten der Kapitalverkehrsfreiheit und der Digitalisierung neu denken müssen, um das geschilderte Hase-Igel-Rennen mit tauglichen Spielregeln auszugestalten.

* * * * *

Richtlinien und Richtlinienentwürfe der Europäischen Union; Gesetze der USA

- Richtlinie (EU) 2016/1164 vom 12.7.2016 mit Vorschriften zur Bekämpfung von Steuervermeidungspraktiken mit unmittelbaren Auswirkungen auf das Funktionieren des Binnenmarkts („ATAD I").

- Richtlinie (EU) 2017/952 des Rates vom 29.5.2017 zur Änderung der Richtlinie (EU) 2016/1164 bezüglich hybrider Gestaltungen mit Drittländern („ATAD II").

- Vorschlag für eine Richtlinie des Rates über eine Gemeinsame Körperschaftsteuer-Bemessungsgrundlage, COM(2016) 685 final v. 25.10.2016.

- Vorschlag für eine Richtlinie des Rates über eine Gemeinsame konsolidierte Körperschaftsteuer-Bemessungsgrundlage, COM(2016) 683 final v. 25.10.2016.

- Tax Cuts and Jobs Act (H.R.1 - An Act to provide for reconciliation pursuant to titles II and V of the concurrent resolution on the budget for fiscal year 2018); Public Law No: 115-97 v. 22.12.2017.

Literaturverzeichnis

Auerbach, Alan J. /   Cash Flow Taxes in and International Setting,
Devereux, Michael P.   in: Saïd Business School Research Papers 2015-03, Stand: 27.2.2015.

Auerbach, Alan, *De-*   Destination-Based Cash Flow Taxation, Ox-
vereux, Michael P.   ford University Centre for Business Taxation
et al.   Working Paper 17/01, 2017.

Avi-Yonah, Reuven S.   Globalization, Tax Competition, and the Fiscal Crisis of the Welfare State, in: Harvard Law Review, 113. Jg. (2000), S. 1573-1676.

Becker, Johannes /   A European Perspective on the US Plans for a
Englisch, Joachim   Destination Based Cash Flow Tax, Oxford University Centre for Business Taxation Working Paper 17/03, 2017.

Dies.   Destination Tax – Die amerikanischen Steuerpläne und ihre Folgen für Europa, Handelsblatt Blog, Steuerboard: Aktuelle Themen des Steuerrechts, 08.02.2017.

Dies.   Die radikalen Steuerpläne der US-Republikaner und die Folgen für die EU, Wirtschaftsdienst 2017, 103 – 110.

Dies.   Ein größeres Stück vom Kuchen: Besteuerung der Gewinne von Google und Co., Wirtschaftsdienst 2017, 801 – 808.

Benz, Sebastian /   Die Richtlinienvorschläge der EU-Kommis-
Böhmer, Julian   sion vom 25.10.2016 zur weiteren Harmonisierung der Unternehmensbesteuerung, DB 2016, 2800 – 2805.

Dies.   Zwei Jahre BEPS-Abschlussberichte: Bericht über den aktuellen Stand der BEPS-Arbeiten, DB 2017, 2951 – 2957.

Blumers, Wolfgang	Aggressive Steuerplanung, – Vielleicht legal, aber jedenfalls verwerflich, BB 2013, 2785 – 2788.
Bond, Stephen / *Devereux*, Michael	Cash Flow Taxes in an Open Economy, CEPR Discussion Paper 3401, 2002.
Breidenbach, Philipp / *Döhrn*, Roland / *Schmidt*, Christoph M.	Zeit für Reformen – nicht nur der Steuern, Wirtschaftsdienst 2017, 395 – 399.
Brügelmann, Ralph	US-Steuerreform: Brilliant oder fatal?, in: IWD 25.04.2017.
Bültmann-Hinz, Barbara	Staatscompliance als Standortvorteil, DStR 2018, 49 – 55.
Clausing, Kimberly	Lessons for International Tax Reform from the US State Experience under Formulary Apportionment, ICTD Research Report 2, Institute of Development Studies (Hrsg.), 2014.
Devereux, Michael	A Marxist Approach to International Taxation, in: The Oxford University Centre for Business Taxation, Tax Blog, 17.11.2017.
Ders.	How we can make global companies pay their fair share of tax, in: Financial Times 22.05.2013.
Ders.	The best reform of corporation tax would be its abolition, in: Financial Times 03.12.2012.
Di Fabio, Udo	Wachsende Wirtschaft und steuernder Staat, Berlin, 2010.
Dorn, Herbert	Doppelbesteuerung und Völkerbund. Die Gutachterentwürfe, StuW 1928, 49 – 72.
Eden, Lorraine	The Arm's Length Standard: Making it Work in a 21st Century World of Multinationals and

	Nation States, in: T. Pogge, K, Mehta (Hrsg.), Global Tax Fairness, 2015.
Elkins, David	Redistributive Taxation and the Constitutional Protection of Property, in: Y. Edrey, M. Greggi (Hrsg.), Bridging a Sea. Constitutional and Supranational Limitations to Taxing Powers of the States Across the Mediterranean Sea, 2009, S. 241 – 275.
El-Sibaie, Amir	Sources of Government Revenue in the OECD, Tax Foundation Fiscal Fact No. 558, 2017.
Englisch, Joachim / *Yevgenyeva,* Anzhela	The „Upgraded" Strategy Against Harmful Tax Practices Under the BEPS Action Plan, Oxford University Centre for Business Taxation Working Paper 13/27, 2013.
Europäische Kommission	Besteuerung: Kommission stellt Weichen für faire Besteuerung der digitalen Wirtschaft, Pressemitteilung, 21.9.2017, http://europa.eu/rapid/press-release_IP-17-3305_de.htm (besucht: 20.1.2018).
Europäische Kommission	Ein faires und effizientes Steuersystem in der Europäischen Union für den digitalen Binnenmarkt, COM (2017) 547 final v. 21.9.2017
Fiedler, Salomon	Zur Unternehmenssteuerreform in den USA, in: Kieler Konjunkturberichte Nr. 27, 2017.
Finke, Katharina / *Spengel,* Christoph	Der EU-Aktionsplan zur Unternehmensbesteuerung gibt neue Impulse, ifo Schnelldienst 2015/15, 15 – 18.
Fuest, Clemens / *Kauder,* Björn / *Potrafke,* Niklas	Entlastungen bei der Einkommensteuer möglich, Wirtschaftsdienst 2017, 388 – 391.

Gauck, Joachim

Interview mit dem „Stern", 2. Mai 2013, http://www.bundespraesident.de/Shared-Docs/Reden/DE/Joachim-Gauck/Interviews/2013/130502-Stern.html (besucht: 20.1.2018).

Geys, Benny / *Konrad*, Kai A.

Patriotism and Taxation, Max Planck Institute for Tax Law and Public Finance, Working Paper No. 16/11, 2016.

Giersberg, Georg

Die Computer kommen, in: F.A.Z. 8.1.2018.

Graetz, Michael J.

The Known Unknowns of the Business Tax Reforms Proposed in the House, Republican Blueprint, in: Columbia Journal of Tax Law, Vol. 8 No. 2 2017, S. 117 – 169.

Hentschel, Karl-Martin

Die Gesamtkonzernsteuer, Systemwechsel bei der Unternehmensbesteuerung, Vorteile, Fallstricke und der Kampf um die Umsetzung, Informationsbrief, Netzwerk Steuergerechtigkeit Deutschland (Hrsg.), 2017.

Hey, Johanna

Steuersystem und Steuerverfassungsrecht, in: R. Seer, J. Hey u.a. (Hrsg.), Tipke/Lang, Steuerrecht, 22.A. 2015, Kap. 3.

Kerber, Markus

EU-Aktionsplan zur Unternehmensbesteuerung – ursprüngliches Ziel aus dem Blick verloren, ifo Schnelldienst 2015/15, 8 – 11.

Klein, Dennis

Neuer Anlauf für eine harmonisierte Unternehmensbesteuerung, ifo Schnelldienst 2015/15, 5 – 8.

Krauß, Sebastian

Richtlinienvorschlag zur Gemeinsamen Körperschaftsteuer-Bemessungsgrundlage vom 25.10.2016, IStR 2017, 479-486.

Liebert, Nicola

Globalisierung, Steuervermeidung und Steuersenkungswettlauf, Die zunehmende

	Umverteilung von unten nach oben, Weltwirtschaft, Ökologie & Entwicklung e.V. (Hrsg.), 2004.
Marx, Franz Jürgen	Die Gewinnermittlungskonzeption der GKKB nach dem Richtlinienentwurf der EU-Kommission, DStZ 2011, 547 – 555.
Murphy, Richard	The Joy of Tax, 1.A. 2015
Murphy, Richard / *Christensen*, John	Tax Us If You Can, Tax Justice Network (Hrsg.), 2.A. 2012.
OECD	OECD/G20 Projekt Gewinnverkürzung und Gewinnverlagerung, Erläuterung, Abschlussberichte, 2015.
Oestreicher, Andreas	EU-Aktionsplan zur Unternehmensbesteuerung: Eine GKKB mit Bypässen, ifo Schnelldienst 2015/15, 18 – 21.
Ölschläger, Jessica	Wie wirken sich Steuersysteme auf die Wettbewerbsfähigkeit von Volkswirtschaften aus?, Wirtschaftsdienst 2010, 415 – 419.
Petutschnig, Matthias	Common Consolidated Corporate Tax Base: Effects of Formulary Apportionment on Corporate Group Entities, WU International Taxation Research Paper Series, No. 2012 – 04, 2012.
Reichert, Wolf-Gero	Demokratie und Souveränität unter Druck, Stand: November 2014, http://nbi.sankt-georgen.de/fileadmin/redakteure/Dokumente/2015/Wolf-Gero_Reichert_-_TTIP_-_Demokratie_und_Souveraenitaet_unter_Druck-1.pdf (besucht: 18.01.2018).

Ders. Von der Finanz- zur Demokratiekrise, Stand: Oktober 2012,

http://nbi.sankt-georgen.de/fileadmin/redakteure/Dokumente/2012/Euro_ohne_Zentralbank.pdf (besucht: 18.01.2018).

Reimer, Ekkehart Wer besteuert das Internet? Die Steuersparmodelle von Amazon, Google & Co. als juristische Reformimpulse, in: W.J. Schünemann, S. Harnisch (Hrsg.), Journal of Self-Regulation and Regulation, 1.A. 2015, S. 81 – 101.

Ricardo, David On the Principles of Political Economy and Taxation, 3.A. 1821.

Rietzler, Katja Steuerreform: Das ganze Bild betrachten!, Wirtschaftsdienst 2017, 383 – 387.

Rische, Marie-Christin / Die Neuvermessung der Welt Grundprinzipien und Konsequenzen der Digitalökonomie, in: Wirtschaftspolitische Blätter, Ausgabe 2/2016, 275-286.
Vöpel, Henning

Rixen, Thomas Der Kampf gegen Steuerwettbewerb und Steuerflucht: Entwicklungslinien der internationalen Steuerpolitik, Vierteljahreshefte zur Wirtschaftsforschung 2013/01, 61 – 75.

Rodrik, Dani Das Globalisierungsparadox, München 2011.

Ders. Rebalancing Globalization, 2017, https://drodrik.scholar.harvard.edu/files/dani-rodrik/files/rebalancing_globalization_october_2017.pdf (besucht: 18.01.2018).

Ruf, Martin / EU-Aktionsplan zur Unternehmensbesteuerung – ein altbekanntes Problem mit lediglich punktuellen Lösungsansätzen für größere
Kroh, Tanja

	Fairness und Effizienz, ifo Schnelldienst 2015/15, 12 – 14.
Schanz, Georg	Doppelbesteuerung und der Völkerbund, Finanzarchiv 1923(2), 1 – 18.
Scharpf, Fritz W.	Legitimierung, oder das demokratische Dilemma der Euro-Rettungspolitik, Wirtschaftsdienst 2014 (Sonderheft), 35 – 41.
Schaumburg, Harald	Begriff des Internationalen Steuerrechts, in: Schaumburg (Hrsg.), Internationales Steuerrecht, 4.A. 2017, Kap. 1.
Schaumburg, Harald	Internationaler Steuerwettbewerb, in: Schaumburg (Hrsg.), Internationales Steuerrecht, 4.A. 2017, Kap. 5.
Scheffler, Wolfram / *Herttrich*, Manuela	EU: Umsetzung des OECD-Aktionsplans gegen unerwünschte Steuergestaltungen, Wirtschaftsdienst 2016, 106 – 113.
Schön, Wolfgang	Vom steuerlichen Binnenmarkt zum Europa der Finanzämter, ifo Schnelldienst 2015/15, 3 – 5.
Schratzenstaller, Margit	Ökosoziale Abgabenstrukturreform, Wirtschaftsdienst 2017, 400 – 403.
Seer, Roman	Steuerrecht als Teil der Rechtsordnung, in: R. Seer, J. Hey u.a. (Hrsg.), Tipke/Lang, Steuerrecht, 22.A. 2015, Kap. 1.
Ders.	Finanzverfassungsrechtliche Grundlagen der Steuerrechtsordnung, in: R. Seer, J. Hey u.a. (Hrsg.), Tipke/Lang, Steuerrecht, 22.A. 2015, Kap. 2.
Sinn, Hans-Werner	„Die raffinierten Steuerpläne von Donald Trump": Statt Zölle zu erheben, könnten die USA Importe auch über ihr Steuersystem verteuern. Wie eine solche Cashflow-Steuer

	funktioniert – und was sie bewirkt., in: Wirtschaftswoche 27.1.2017.
Smith, Adam	An Inquiry into the Nature and Causes of the Wealth of Nations, 1776.
Spengel, Christoph et. al.	Analysis of US Corporate Tax Reform Proposals and their Effects for Europe and Germany, 2017.
Spengel, Christoph et. al.	The Impact of Tax Planning on Forward-Looking Effective Tax Rates, European Commission Taxation-Papers Working Paper No. 64, 2016.
Ullmann, Hans Peter	Der deutsche Steuerstaat, 2005.
Vöpel, Henning	Alles so global geworden, in: Welt 11.8.2016.
Vorwold, Gerhard	Das Dilemma der Steuer-Kleinstaaterei Notwendigkeit und Konzept veränderter Strukturen bei der Besteuerung Multinationaler Unternehmen, Vortrag auf Bochumer Steuerseminar, 13. Oktober 2017.
Wagner, Franz W.	Der Homo Oeconomicus als Menschenbild des Steuerrechts, DStR 2014, 1133 – 1143.
Wissenschaftlicher Beirat beim Bundesministerium der Finanzen	„Finanzierungsneutrale Unternehmensbesteuerung in der Europäischen Union? Stellungnahme zum Richtlinienvorschlag der EU-Kommission vom Oktober 2016, Stand: 16.11.17.

Zeitfracht Medien GmbH
Ferdinand-Jühlke-Straße 7
99095 Erfurt, Deutschland
produktsicherheit@kolibri360.de